BASES

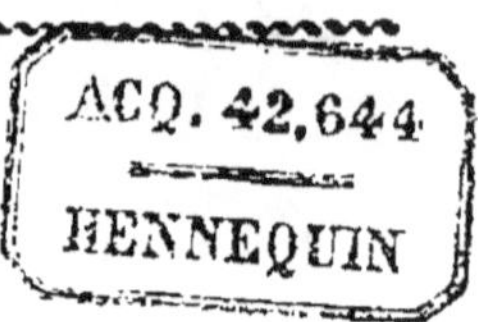

FONDAMENTALES

DE LA

CONSTITUTION FRANÇAISE.

A PARIS,

Chez { Delaunay, Libraire, gâlerie du Palais-
Royal, et tous les Libraires qui vendent
des nouveautés.

1814.

BASES

FONDAMENTALES

DE LA

CONSTITUTION FRANÇAISE (a).

———

Le peuple français déclare, en présence de Dieu, protecteur de la vertu et vengeur du crime, qu'il veut être gouverné conformément aux maximes et aux bases fondamentales suivantes :

Art. 1er. Le but de l'état social est la conservation et la félicité de chacun de ses membres (b).

2. La nature ayant mis dans chacun les sentimens nécessaires à sa conservation personnelle, la volonté qui résulte de ces sentimens est la seule qui puisse légitimement assurer l'existence et le bonheur individuel; car toute volonté étrangère ne pourrait que donner une direction contraire et dangereuse.

3. De là il suit, premièrement, que la nature donne à chacun le droit d'être libre de sa conduite, et, secondement, qu'elle lui interdit celui de nuire à la liberté de la conduite de tout autre ; car chacun a, par la nature même, un droit égal à la liberté individuelle.

4. La liberté sociale a nécessairement la liberté naturelle pour base : elle consiste à pouvoir faire ce qui convient à sa conservation et à sa félicité personnelle, sans nuire à celle d'autrui.

Elle veut que tout ce qui n'est pas défendu par la loi ne puisse être empêché, et que nul ne puisse être contraint à faire ce qu'elle n'ordonne pas.

5. L'égalité du même droit à la liberté civile constitue l'égalité sociale. Celle-ci exige que la loi soit la même pour tous, soit qu'elle protège, soit qu'elle punisse ; car elle est le fondement de la justice, de la réciprocité des égards, de la reconnaissance et de l'amitié, de l'amour de la patrie, et par conséquent des vertus sociales *(c)*.

Elle exclut, comme contraires aux lois naturelles, toute distinction de naissance et les pouvoirs héréditaires.

Le contraire peut avoir lieu, dans le régime

du gouvernement français, suivant les dispositions que la loi doit prescrire, par tolérance ou par dérogation aux principes du droit naturel *(d)*, la nation le reconnaissant utile, relativement à sa situation politique et morale.

6. L'égalité des droits n'excluant pas l'inégalité des forces physiques et des facultés intellectuelles, cette inégalité exige des règles fondées sur la justice et l'intérêt de la société, relativement à l'appel ou au choix de ceux de ses membres qui sont les plus propres à concourir à la formation et au maintien de l'ordre social et de la sûreté publique.

7. On ne peut atteindre le but de la société sans l'inviolabilité des propriétés ; et la société en reconnaît de trois sortes *(e)* :

La propriété personnelle ;

La propriété mobilière ;

La propriété foncière.

8. La propriété personnelle est soi : elle exige l'indépendance exclusive, donnée par la nature, de l'exercice et de la direction de nos facultés corporelles et intellectuelles. Cet exercice et cette direction des facultés individuelles ne pouvant être délégués à nul autre, l'homme est inaliénable, de même que sa liberté : ainsi l'esclavage est un crime, et nul ne peut se

vendre ni être vendu ; mais chacun peut en-
gager son tems et ses services.

9. La propriété mobilière consiste dans la
libre possession des choses que l'on a légitimement acquises, obtenues, ou produites par le
travail, l'industrie ou le talent, et dont le dé-
placement peut assurer la jouissance.

La loi peut, pour encourager l'industrie et
les talens, accorder certains priviléges particuliers (*f*), des récompenses personnelles en
faveur des productions du génie ou des découvertes utiles ; mais elle ne doit point autoriser
les maîtrises, les jurandes, ni autre limitation
à la liberté du commerce et à l'exercice de l'industrie et des arts de toute espèce.

10. La propriété foncière consiste dans la
libre possession des biens immeubles dont on
est devenu légitime possesseur, suivant les
règles établies par la loi.

11. Nul ne peut être contraint de céder sa
propriété foncière ou mobilière, qu'en raison
d'une nécessité publique, légalement constatée,
et moyennant une juste et préalable indemnité.

Ainsi les ventes des domaines nationaux sont
déclarées irrévocables.

12. La communication de la pensée, étant une
faculté naturelle et un besoin fondamental de

la société *(g)*, est un droit aussi inaliénable que toute autre faculté naturelle.

Cette communication, donnant lieu principalement à des propriétés mobilières de diverses sortes, ne peut recevoir ni restriction ni limites d'aucune espèce.

Ainsi nul ne peut être empêché de dire, écrire, imprimer et publier sa pensée, et la liberté de la presse est entière.

Toute censure préalable est une violation de la faculté de communiquer sa pensée.

Les précautions à prendre pour s'assurer que la tranquillité publique ne soit pas troublée par la liberté de la presse ne consisteront qu'à déterminer, par la loi, les délits qui pourront résulter de l'abus de cette liberté.

Nul ne peut être inquiété pour ses opinions ou ses votes.

13. Les religions n'exerçant leur empire que par la communication de la pensée, et sur les consciences, qu'il serait absurde et dangereux de vouloir soumettre aux lois civiles, l'indépendance des cultes est reconnue comme un droit naturel, en tant qu'ils ne troublent pas l'ordre social.

Les vœux religieux ne peuvent être ni autorisés ni empêchés par la loi.

14. L'objet de la réunion des hommes en société est la sûreté dans la jouissance des droits naturels et des propriétés.

Cette sûreté embrasse le maintien des droits et des propriétés, l'ordre social, la conservation entière de la société, et ses droits publics dans ses rapports avec toute autre société.

Cette sûreté résulte du concours de tous pour assurer les droits individuels et les droits communs : elle se réduit à la sûreté particulière et à la sûreté publique.

15. La sûreté individuelle veut que chacun trouve une protection suffisante dans l'ordre social, concernant la libre jouissance de chaque sorte de propriété.

16. Elle veut aussi que nul ne puisse être appelé en justice, accusé, arrêté ni détenu, que dans les cas déterminés par la loi, et selon les formes qu'elle a prescrites.

17. Elle exige que ceux qui sollicitent, expédient, signent, exécutent ou font exécuter des actes arbitraires, soient déclarés coupables, et comme tels punis de la peine que leur violation tendait à faire subir.

18. Elle exige encore que nul ne soit jugé qu'après avoir été entendu ou légalement ap-

pelé, et que le coupable ne soit puni que des peines proportionnées au délit *(h)*.

19. Elle proscrit, en faveur des prévenus, toute rigueur qui ne serait pas nécessaire pour s'assurer de leur personne; et, à l'égard des condamnés, tout traitement qui aggraverait la peine déterminée par la loi.

20. La sûreté individuelle veut que la maison de chaque citoyen soit un asile inviolable; en sorte que nul n'a le droit d'y entrer pendant la nuit que dans le cas d'incendie, d'inondation, ou de réclamation venant de l'intérieur de la maison.

Elle n'y tolère que dans le jour l'exécution des ordres des autorités constituées.

Elle proscrit, comme une violation et une persécution, toute visite domiciliaire qui n'est pas ordonnée et déterminée par une loi, ou qui serait pour toute autre fin que de découvrir la personne ou l'objet expressément désigné dans l'acte qui ordonnerait la visite.

21. La sûreté publique résulte de la tranquillité intérieure et de la sécurité extérieure.

22. La tranquillité intérieure dérive du maintien de l'ordre établi par la loi; de l'observation des devoirs de chacun envers la société, et ceux-ci du respect pour l'égalité des

droits d'autrui, et du sentiment naturel de la bienveillance, qui prescrivent de faire aux autres le bien que nous voudrions en recevoir, et de ne pas leur faire le mal que nous ne voudrions pas qu'ils nous fissent.

23. L'observation de ces devoirs exige que l'on soit, avant tout, bon fils, bon père, bon frère, bon ami, bon époux, afin d'être bon citoyen.

24. La tranquillité intérieure prescrit à chaque citoyen l'observation franche et religieuse des lois, et le respect dû à ceux qui sont préposés pour les faire exécuter.

Violer ouvertement les lois est se déclarer en état de guerre avec la société; les éluder par ruse ou par adresse est blesser les intérêts de tous et se rendre indigne de la bienveillance et de l'estime de ses concitoyens.

25. Le maintien de la sécurité extérieure veut le respect que chaque société a droit d'exiger, quant à son existence politique; l'observation des traités, l'équité, la bonne foi et le bon accord dans les relations réciproques, et l'inviolabilité du territoire respectivement l'une de l'autre.

26. La violation de ces principes, de la part des fonctionnaires de l'état, contre une puis-

sance étrangère, est un crime qui tend à compromettre la sécurité extérieure, que rien ne peut excuser et qui doit être promptement et sévèrement réprimé et puni.

Ainsi toute guerre offensive est à jamais proscrite comme le premier de tous les crimes ; nul ne peut être tenu de concourir à la faire (*i*).

27. Si les puissances étrangères commettent cette violation et si elles menacent d'envahir le territoire de la France, toute la force nationale doit être mise en action, et conformément au besoin, pour résister à la force par la force.

Alors chaque citoyen est soldat et doit se dévouer à la défense de la patrie ; chacun doit prendre les armes, suivant les règles qui seront prescrites, et contribuer aux besoins de la guerre défensive en raison de son avoir et de ses facultés.

Ainsi toute guerre défensive est une guerre nationale, qui ne doit avoir pour but que de repousser ou d'anéantir aux frontières tout ennemi injustement agresseur.

28. Il sera accordé des récompenses à ceux qui apporteront des perfectionnemens aux moyens de défense et aux armes défensives (*l*).

29. Chacun étant, par la nature, le maître souverain de sa volonté, la volonté de tous

constitue essentiellement la souveraineté nationale. Elle réside, de droit naturel, là où
est la plénitude et la supériorité de la force
sociale.

L'exercice de cette souveraineté, ne pouvant
appartenir à tous dans l'étendue de la France,
doit être délégué en vertu d'un consentement
général.

30. La loi est une règle de conduite sur un
objet d'un intérêt commun concernant le but
de la société; elle doit donc être conforme aux
sentimens inspirés par la nature touchant
l'existence et le bonheur individuel; ainsi elle
ne doit point émaner d'une volonté étrangère
à celle du corps social; elle ne peut être que
l'expression de la volonté générale, et ne pas
avoir d'effet rétroactif (*m*).

31. La formation de la loi ne pouvant appartenir à tous, le droit de faire les lois doit être
médiatement ou immédiatement délégué par
tous, puisque chacun a un intérêt naturelle-
ment égal à ce qu'elles soient conformes au but
de la société.

Ainsi le principal droit de citoyen consiste
à concourir à la formation de la loi, par la
nomination des représentans et des fonctionnaires publics.

32. Nul ne peut, sans une délégation légale, exercer aucune autorité ni remplir aucune fonctions publiques, dont nulle ne peut, dans aucun tems, devenir la propriété de celui qui l'exerce.

33. La garantie sociale ne peut exister si la division des pouvoirs n'est pas déterminée, si leurs limites ne sont pas fixées, et si la responsabilité des fonctionnaires publics n'est pas établie.

34. L'autorité chargée de faire la loi doit être totalement indépendante de celle à qui l'exécution en est confiée, afin que la dernière ne puisse point tendre à usurper les droits qui appartiennent exclusivement et inaliénablement à la société (n).

35. L'exécution de la loi ne peut appartenir à la volonté générale, puisque cette exécution exige une force coercitive, locale et individuelle. Elle est déléguée à une autorité étrangère à la volonté générale, laquelle est le pouvoir exécutif.

36. Le pouvoir exécutif se compose d'un chef suprême, qui est la personne du Roi, d'un chancelier et d'un connétable (o), des ministres du Roi, des agens qu'il prépose à la surveil-

lance immédiate de l'exécution de la loi, à sa représentation et à l'exécution privée des ordres qui peuvent émaner de lui.

37. Il a sous sa surveillance immédiate l'ordre judiciaire, qui est indépendant de sa nature, dont les membres sont éligibles et inamovibles, quoique destituables dans les cas déterminés par la loi, et l'ordre administratif, dont les membres sont éligibles par les administrés, et pour un tems prescrit par la constitution.

38. Les arrondissemens des cours d'appel, des tribunaux, des départemens *(p)* et des autres administrations sont déterminés par la loi, de manière à être le plus possible à proximité de ceux qui doivent dépendre de leur ressort.

39. Les élections aux fonctions publiques, dans quelque ordre que ce soit, doivent être entièrement libres, et ne peuvent, en aucun cas, se faire en assemblées, mais bien par la remise ou par l'envoi que peut faire chacun, ayant droit de voter, de son bulletin secret, suivant la forme prescrite *(q)*.

Les premiers scrutins des élections aux fonctions départementales et nationales n'auront lieu que pour former des listes de présentation et de réduction.

Le sort devra intervenir sur les listes de présentation et de réduction pour déterminer l'élection des membres des autorités départementales et nationales.

40. La qualité de citoyen français, les vertus et les talens, respectivement nécessaires, seront les seules conditions d'éligibilité aux fonctions publiques, moyennant l'inscription sur le rôle de la garde nationale et le paiement d'une contribution qu'on ne pourra, dans aucun cas, porter au rang des plus fortes (r).

41. La cumulation des places et des emplois est interdite (s). La constitution détermine les fonctions incompatibles avec certaines places ou emplois.

Les ministres des cultes et les officiers en activité de service sont considérés comme des fonctionnaires que l'ordre et le bien public ne permettent pas de distraire de leurs fonctions pour être élus à d'autres fonctions publiques (t).

42. Le principal devoir de tout magistrat ou fonctionnaire public est de ne rien faire qui puisse porter atteinte à l'équité, à la liberté, à la sûreté, à la propriété de chaque citoyen, à la constitution et aux lois.

Chacun d'eux doit apporter dans l'exercice

de son emploi du zèle et de la bienveillance, et donner à ses concitoyens l'exemple d'une bonne conduite.

Tout fonctionnaire public se doit tout entier à l'intérêt social; il se rend prévaricateur quand il lui préfère son intérêt personnel.

43. Nul impôt ne pourra être établi que par une loi et suivant l'égalité de proportion entre tous les français.

La loi détermine annuellement l'emploi des fonds publics.

Tout vol ou tout abus des fonds publics doit être sévèrement puni.

La dette publique est garantie (*u*).

Les traitemens des fonctionnaires, juges et administrateurs sont fixés par la loi.

44. Un institut national est chargé de recueillir les découvertes, de perfectionner les sciences et les arts; il est consulté dans la direction de l'instruction publique.

45. L'enseignement public est gratuit dans toute l'étendue de la France.

Les places de professeurs ne peuvent être données qu'au concours.

46. Il ne peut y avoir d'autre force armée que la gendarmerie et la garde nationale, dont la partie en activité ne peut rester habituelle-

ment sous les armes et en état de solde qu'en tems de guerre, et que dans une proportion consentie par l'autorité chargée de faire la loi.

Les pensions, grades et honneurs militaires sont conservés.

La légion d'honneur est maintenue. Le Roi en détermine la décoration, avec la distinction due au genre de mérite ou de service, civil ou militaire.

47. Il sera formé, dans chaque département, des écoles martiales et gymnastiques, où chaque fils de citoyen sera tenu de se rendre, depuis l'âge de 17 ans jusqu'à 21, durant la morte saison seulement, pour y être instruit des règles et du devoir du service militaire et de la morale; pour y apprendre le maniement des armes, la tactique, la défense des places; pour s'y occuper, en raison de son état, des travaux de l'équipement, campement et munitions militaires, et y donner une portion du tems à l'instruction civile dont les chefs d'embrigadement seront capables d'être les instituteurs (*v*).

48. Il ne sera fait aucun changement aux maximes et bases fondamentales qui précèdent, que suivant le mode de révision prescrit par la constitution.

49. Toute infraction de la part d'une auto-

rité ou fonctionnaire quelconque aux articles qui précèdent sera un crime de violation des droits sociaux.

5o. Tout acte contraire aux dispositions de ces articles sera réputé nul *pour cause d'illégalité*, et personne ne pourra être contraint d'y déférer. Toute contrainte tendante à l'exécution de tels actes *sera une oppression.*

NOTES.

(*a*) Le tems ne m'a pas permis d'être court dans mes notes : elles exposent les principes de ce qui ne pouvait entrer dans la rédaction du premier titre. Les personnes en état de faire une bonne constitution , et le nombre en est aujourd'hui très-grand, pourront se contenter de lire les articles : la discussion contenue dans les notes n'est pas pour la majorité instruite, qui en sait et qui en pense plus que je n'en dis.

Je n'ai voulu que rassembler, dans un meilleur ordre, des matériaux épars et mal assortis, avec une liaison plus naturelle, afin que l'édifice en fût plus solide et plus beau.

Les lois ne peuvent être justes qu'autant qu'elles sont les corollaires des principes du droit naturel : car il en est de la législation comme des mathématiques, où tout découle des vérités évidentes ou démontrées, où les conséquences ne peuvent être mises à la place des principes, ni ceux-ci sous-entendus ni séparés de leurs corollaires. On verra pourquoi, suivant cette idée, j'ai été conduit à donner à quelques articles plus d'étendue que ne le veut le laconisme reçu dans un tel genre de rédaction. Il importait d'éviter l'abus de ce laconisme, qui conduit au danger des controverses que produisent les abstractions, en devenant l'arme de tous les partis, pour finir par faire détester les principes, causer l'égarement, exciter le désordre et servir le despotisme.

Je n'ai point cru devoir employer les expressions saintes, mais tant de fois profanées, de *liberté* civile ou naturelle, d'*égalité* de droits, de *propriété*, de *sûreté*, de *souveraineté* et de *loi*, sans les définitions dérivées des principes naturels, qui font voir en quoi doivent consister les idées que ces expressions représentent, afin que la charte constitutionnelle en écarte les excès et les abus, par le fait même de sa rédaction.

Dans la conjoncture pénible où la France se trouve , et suivant la réciprocité de la confiance invoquée par S. M. , chaque citoyen ne doit-il pas regarder comme une obligation essentielle de présenter le tribut de ses réflexions sur les meilleurs moyens d'assurer la paix et le bonheur d'une nation, dont le pacte constitutionnel doit être le gage ? Que pourra-t-on faire de mieux que ce qui se fera avec le concours de tous les hommes sages et instruits ?

Le seul rempart inexpugnable de la royauté ne consiste qu'en une constitution sage, complètement réfléchie, traçant les justes limites dans lesquelless chaque pouvoir devra rester, et protégeant avec une égale équité les intérêts des administrés contre l'incurie ou les tentatives de l'usurpation des administrateurs.

(*b*) Art. 1. « La société est l'état naturel de l'homme, comme
» celui de la fourmi et de l'abeille, étant fondé sur sa sensibilité,
» sur sa bienfaisance, sur son amour de la liberté, sur la haine des
» privations, sur l'expérience de l'utilité des secours réciproques,
» sur la crainte de l'oppression, ou, en d'autres mots, du
» DESPOTISME......

» *Les hommes sont nés en famille*, je le répète ; et les familles
» ensuite se sont confédérées pour résister au despotisme des bêtes
» féroces, des torrens, des ouragans, etc. De cela seul il suit que
» le despotisme n'est pas la conséquence de la société, comme des
» frénétiques ont osé l'avancer, mais bien l'anéantissement de la
» société. Ce n'est pas une forme de gouvernement : c'est l'anéan-
» tissement de toute forme de gouvernement ; c'est un ÉTAT CONTRE
» NATURE (1) ».

La France fut-elle jamais autant dans un état contre nature que sous le régime arbitraire et tyrannique qui vient de disparaître ? Aussi avec quelle satisfaction ne verra-t-elle pas que l'on s'occupe des moyens d'éviter à jamais le retour d'un semblable état !

(*c*) 5. La réflexion fait voir maintenant combien il est injuste, combien il est coupable de rejeter la cause des maux de la révolution sur ceux qui voulurent, à l'imitation des plus grands législateurs et de nos plus sages Rois, faire régner et respecter la liberté et l'égalité sociales ; tandis qu'on ne peut imputer cette cause qu'aux fauteurs du système *gouvernicide* et *nationicide*, suc-

---

(1) *Essai sur le Despotisme*, dédié à M. le Dauphin, par le comte de Mirabeau, en 1775. Troisième édition. Chez Lejay, libraire. 1792. Un vol. *in-8°*.

cessivement devenus les démagogues de tous les partis, et alternativement les exagérateurs et les ennemis des principes, ainsi que les agitateurs et les détracteurs du peuple.

Pourra-t-on disconvenir que le mot *égalité* ne soit le synonime radical d'*équité*, par conséquent de *justice?* Ainsi ceux qui se déclarent contre l'égalité sont les ennemis de la justice. Point de repos, point de prospérité, point de bonheur pour un état où les principes des droits naturels sont méconnus, violés et avilis. Le cœur humain nous dit que l'égalité politique est la base et le lien de la société, et que le sentiment de la liberté ne peut mourir qu'avec le dernier des mortels.

(*d*) *Id.* Le principe de l'égalité sociale est de rigueur; il ne peut être contesté par aucun homme sensé. N'est-il pas juste que ceux qui veulent profiter de l'exception aient la bonne foi de convenir que ce n'est qu'une dérogation qu'ils réclament? La loyauté de ceux qui la leur accordent mérite au moins cet aveu.

(*e*) 7. On a grièvement reproché à l'assemblée constituante de n'avoir pas défini ce qu'on devait entendre par *propriété*, sans avoir donné depuis lors une définition nécessaire, de laquelle doivent émaner des conséquences qu'il est si important de lier aux principes. On verra que je n'ai pas eu besoin de faire un effort surprenant dans la définition de la propriété, si l'on se donne la peine de relire l'Essai sur le Despotisme, ouvrage peut-être le plus approprié aux circonstances.

(*f*) 9. Quoique les priviléges ne soient que des exceptions aux principes, et que les brevets d'invention ne se présentent qu'avec la forme d'un privilége, cependant la loi qui institue ces brevets, la meilleure que nous ayons pu imiter de l'Angleterre, n'a réellement pour but que d'assurer la jouissance d'un propriété mobilière; mais elle n'atteint ce but que très-partiellement. J'ai prouvé, dans un travail particulier, inutilement remis il y a peu d'années au ministère, comment on pourrait, par un réglement spécial, faire le complément de cette loi, de manière à protéger et favoriser les talens, accroître l'industrie, et beaucoup mieux enrichir le commerce de ses produits, ainsi que donner au Conservatoire des arts et métiers une direction infiniment plus importante, plus utile, plus digne de cette belle institution, abandonnée et déchue sous le régime expiré.

(g) 12. La faculté de communiquer la pensée distingue éminemment l'homme de toutes les sortes d'animaux, et lui donne sur eux toute sa supériorité. Il ne connaîtrait point sans elle la grandeur des idées des siècles passés; ii ne saurait du présent que ce qui affecterait immédiatement ses sens; rien n'existerait pour lui dans l'avenir.

La communication de la pensée fait l'éducation de l'homme; elle le sépare d'avec la brute, le réunit en société, le conduit au delà des mers, établit les lois, élève les cités, crée les sciences, perfectionne les arts, et fonde toute la puissance des états. La communication de la pensée soumet la nature entière au pouvoir de l'homme; ôtez-lui la faculté de communiquer et de transmettre à son semblable ce qu'il pense, il deviendra brute, et la terre ne sera plus qu'un vaste désert.

« La politique, dit Mirabeau (1), qui interdit la liberté d'écrire
» et de publier ses pensées est aussi mauvaise comme *politique*,
» qu'elle est barbare comme *loi*.

» Elle est *mauvaise*, parce qu'elle doit inspirer la plus grande
» méfiance contre les intentions du gouvernement;

» Parce qu'elle doit établir entre le peuple et ses chefs la confu-
» sion de la tour de Babel;

» Parce qu'elle rend inévitable les fautes des *Ministres*, qui ne
» sont ni éclairés, ni conseillés, ni redressés, et qui ne craignent
» plus ni la critique, ni les plaintes, ni le jugement sévère de
» l'opinion publique qui ne peut plus se manifester ».

Que l'on considère que c'est la liberté indéfinie de parler, d'écrire et d'imprimer en Angleterre, qui fait l'esprit public, le patriotisme ardent des Anglais, le vrai rempart de leur constitution, et par là le vrai soutien de la royauté. « C'est cette liberté qui
» a rendu nationale une maxime que l'on n'a jamais disputée en
» politique, et qui est reçue comme universelle, qu'une puissance,
» quelque grande qu'elle soit, lorsqu'elle est accordée par la loi à
» un magistrat éminent, n'est pas si dangereuse pour la liberté
» qu'une autorité, quelque faible qu'elle puisse être, qu'il acquiert
» par la violence et par l'usurpation; car, outre que la loi limite
» toujours le pouvoir qu'elle accorde, le recevoir comme une

____

(1) *Essai sur le Despotisme.*

» concession, c'est établir l'autorité dont il dérive, et cela suffit
» pour conserver l'harmonie de la constitution. Par le même droit
» que l'on s'arroge une prérogative sans la loi, on peut en prétendre
» une autre, et puis encore une autre, avec une plus grande faci-
» lité. La première usurpation sert d'exemple pour la seconde,
» et donne de la force pour maintenir l'une et l'autre. De là l'hé-
» roïsme d'Hampden, qui soutint toute la violence de la persécu-
» tion, plutôt que de payer une taxe de vingt schelings qui n'était
» pas imposée par le Parlement; de là le soin qu'a tout Anglais
» qui aime sa patrie de s'opposer à toute usurpation ; c'est à ce
» principe seul enfin que l'on doit la liberté dont on jouit au-
» jourd'hui en Angleterre ». *Discours politiques de D. Hume.*

D'où il suit que la constitution anglaise ne peut convenir qu'au
peuple qui aura son esprit et ses mœurs. Les Anglais conviennent
eux-mêmes qu'elle n'est pas un modèle de perfection; les Espagnols,
délivrés par eux de notre oppression, n'ont pas voulu la recevoir,
même à titre de reconnaissance. Les Américains, tout anglais
qu'ils sont, ne l'ont point adoptée, et il est douteux que l'Angleterre voulût la conserver, du moins telle qu'elle est, si elle était
réduite à la nécessité de délibérer sur la formation d'une constitution.

(*h*) 18. Pourquoi n'abolirait-on pas aujourd'hui la peine de
mort, comme on le voulut dans le principe de la révolution ? Que
de larmes n'avons-nous pas versées, que de maux n'avons-nous
pas éprouvés pour l'avoir maintenue? Eh ! de quel droit? S'il
n'appartient pas à notre volonté de tirer notre semblable du néant,
notre volonté ne peut avoir le droit de lui donner la mort. Combien
de fois n'a-t-on pas vu que ceux qui la prononçaient devenaient
coupables envers des innocens du crime dont ils prétendaient
infliger la peine ? J'entends invoquer le droit de la sûreté particulière et publique. N'y a-t-il donc que le moyen de tuer pour faire
respecter l'une et l'autre ? L'erreur serait bien grave ; à coup sûr
on aura plus de peine à la justifier qu'à trouver des punitions ou
des supplices préférables à celui de la mort, pour venger la société
des crimes capitaux, et effrayer ceux qui seraient par suite tentés
d'en commettre. Les exécutions journalières empêchent-elles
l'Angleterre d'être infestée de voleurs et d'assassins ? Comment ce

peuple, si fier de sa liberté, n'a-t-il pas effacé de sa législation la foule honteuse des taches des siècles de barbarie ?

(*i*) 26. Quelle autre circonstance pourrait commander plus impérieusement l'obligation de prendre tous les moyens d'empêcher qu'à l'avenir les Français soient immolés dans des guerres offensives, toujours injustes et sacriléges, toujours la cause, plus ou moins prochaine, de la ruine et du renversement des états ? Une telle résolution est la plus propre à assurer *la paix du monde* et le bonheur des nations. Les peuples entiers la réclament d'un accord unanime. Ce ne fut jamais le peuple qui demanda de quitter les ateliers et la charrue, pour aller porter la désolation et la mort chez les peuples voisins. Jamais il ne fut coupable de ce crime. Il en fut de même des révolutions; il a pu, partiellement, contre son gré, en être l'instrument et la victime, mais jamais l'auteur.

(*l*) 28. La meilleure raison d'assurer *la paix du monde* et de répondre au vœu que les puissances alliées nous manifestent, serait d'arriver au point de donner aux moyens de défense tant de supériorité sur les moyens d'attaque que les guerres offensives devinssent impossibles à soutenir. On voit que ce n'est pas dans les rêves de la philosophie qu'il faut chercher les expédiens de la paix universelle, mais bien dans les nouveaux efforts, dont je sais que le génie militaire est capable, dans la recherche des perfectionnemens du système défensif. Le conquérant insensé ne demande que la supériorité des armes offensives. J'ai vu naguère des artistes inquiétés pour avoir proposé des armes défensives de la plus importante utilité.

Ce ne fut qu'à la fin de ses jours que Vauban sentit l'infériorité de son système de fortification. Il faudrait peu d'encouragemens peut-être pour avoir le secret de rendre inabordables les places fortes les plus ordinaires, et à-peu-près imprenables les retranchemens et les redoutes, dont la construction ferait l'amusement du soldat. On sait que j'ai déjà suffisamment motivé cette opinion. O combien l'humanité sera reconnaissante au prince dont la sagesse fera découvrir l'art de rendre inutiles les guerres offensives en rendant insurmontables les ressources de la défense !

(*m*) 30. Voyez le Contrat social et le Manuel de l'Homme libre concernant la définition de la loi et les limites des autorités.

(*n*) 34. La déclaration de S. M., datée de St.-Ouen, du 2 mai, admet le gouvernement représentatif, c'est-à-dire une autorité chargée, par délégation, d'exercer les droits de la souveraineté nationale, sans rien préjuger sur les attributions ni sur l'organisation privée de cette double autorité; cette déclaration ne statuant rien en outre sur le pouvoir exécutif, il peut être utile encore de publier des réflexions sur un sujet aussi important.

On est d'accord sur les principes. Il faut une autorité chargée de faire la loi; mais il ne doit pas lui appartenir de faire autre chose : il faut une autorité chargée de la faire exécuter, mais qui ne puisse se mêler que de son exécution; c'est le pouvoir exécutif, que nous voulons monarchique. On convient généralement qu'il faut une troisième autorité entre le pouvoir législatif et le pouvoir exécutif, pour les maintenir chacun dans leur équilibre, pour empêcher l'empiétement de l'un sur l'autre, enfin pour garantir la stabilité de la constitution. L'idée est très-juste en elle-même , mais elle ne réussira, dans la pratique, qu'autant qu'elle ne s'écartera pas des principes; et dans l'art de gouverner, on ne s'en écarte jamais impunément.

Le modèle de tout gouvernement est dans l'homme. On trouve dans *la volonté, l'action* et *le sentiment* le type de la trinité sacrée, sur laquelle on se propose de fonder la constitution française. La volonté représente la puissance législative, dont les Francs et les Germains n'abandonnaient pas l'exercice à leurs chefs ; le corps exerçant l'action commandée par la volonté, indique le pouvoir exécutif, primitivement confié par élection à un chef militaire; le sentiment, qui prévient ou tempère les écarts de l'action et de la volonté, fait voir ce que doit être la puissance intermédiaire entre le pouvoir législatif et le pouvoir exécutif.

Ce sentiment national doit résider dans le sénat. Dès-lors quelle doit être son essence? Que chacun descende dans le cœur humain, il y trouvera la solution désirée.

Qui est-ce qui peut mettre d'accord, d'une manière équitable et salutaire, deux parties opposées d'intérêts, dont l'une veut usurper les droits de l'autre ? Tout le monde répondra : un tiers étranger, absolument indépendant de chacune d'elles. Il n'y a pas d'autre solution, car le juge ne doit pas être partie; ainsi les principes exigent que le sénat n'ait aucune qualité législative ni exécutive ; ils exigent aussi qu'il soit également hors de la dépendance de l'autorité qui fait la loi et de celle à qui l'exécution en est confiée.

La constitution anglaise est bien loin, quoi qu'on en dise, d'offrir le type pur et digne d'imitation, de cette essence trinaire qui peut rendre une constitution stable et parfaite, dans quelque climat qu'elle soit transplantée. Avec un roi despote, le parlement ne sera que le serviteur ; avec un roi faible, le ministère conduira le parlement. Par bonheur pour la liberté insulaire, que le sentiment national, c'est-à-dire l'esprit public, vient toujours modérer les écarts dans l'un et l'autre extrêmes. Ainsi, en Angleterre, c'est la nation entière qui est réellement la tierce autorité modératrice entre le pouvoir législatif et le pouvoir exécutif.

On croit qu'en raison de la débilité de l'esprit public en France, il faut une autorité constituée qui devienne la modératrice entre les deux pouvoirs. Le devoir de cette autorité ne devant être que celui de représenter le sentiment de la nation, à elle seule appartient le droit de la former à titre de représentation. C'est pourquoi le sénat entre dans l'essence du gouvernement représentatif. C'est pourquoi le chef usurpateur du gouvernement qui nous a perdus ne pouvait s'arroger le droit de composer le sénat ou d'influer sur sa composition. Chacun ne se dit-il pas que notre perte n'est que la conséquence de cette usurpation : que le passé nous profite pour l'avenir !

La constitution de l'an 8 avait donc très-mal ordonné la composition du sénat. Si elle n'eût point institué les sénateurs à vie, s'ils eussent été à la nomination libre des départemens, le bonheur de la France n'eût pas été si cruellement compromis.

Cette même constitution avait tout aussi mal déterminé les fonctions du sénat : n'était-ce pas à dessein ?

Le principe irréfragable est l'INDÉPENDANCE ABSOLUE ENTRE LES TROIS AUTORITÉS FONDAMENTALES DE L'ÉTAT. Ainsi les députés des départemens ne devront pas dépendre du choix du sénat, comme la constitution de l'an 8 l'avait voulu. Le sénat ne devant pas s'immiscer dans la formation de la loi, ne doit pas, à plus forte raison, avoir qualité de faire des réglemens constitutionnels. Quelles doivent donc être ses attributions ? comment pourra-t-il devenir le représentant du sentiment national pour être le tiers modérateur des deux hautes autorités constituées ? Voilà le point délicat de la question. Voici l'une des solutions admissibles et d'accord avec les principes et les résolutions déjà prises.

Deux principales attributions doivent composer l'essence de *l'autorité sénatoriale*, qui, pour ne pas faire un mensonge politique fort dangereux, ne *devra être déléguée qu'à des citoyens âgés de 5o ans au moins*. La première doit se composer de tout ce qui exigera l'intervention de l'autorité dans le ressort des élections. Ainsi le sénat doit avoir le tirage du sort sur les listes de présentation définitives aux fonctions départementales et nationales ; le jugement de constitutionalité ou non de tous les actes d'élection ; le droit de former les listes de présentation aux places que l'on jugera ne devoir laisser qu'à cette condition à la nomination du pouvoir exécutif.

La constitution de l'an 8 lui accordait en partie cette première attribution.

La deuxième lui donnera la charge éminente d'exercer une vigilance spéciale sur tous les fonctionnaires de l'état, pour les maintenir dans la ligne de leurs devoirs. Cette charge deviendra, pour la nation, la garantie réelle contre toute usurpation des administrateurs sur les droits des administrés, contre toute violation de la constitution et des lois de la part des fonctionnaires publics. Cette attribution ne devra point être judiciaire, mais seulement accusatrice, accompagnée du pouvoir suspensif, et conformément aux régles que la constitution doit prescrire. Le sénat n'a-t-il pas éminemment et salutairement exercé cette attribution quand il a prononcé, mais trop tard, la déchéance de l'Empereur ? On peut donc le dire hautement, ce sera dans l'exercice de cette attribution sagement prescrite que sera le vrai *palladium* de la constitution, et conséquemment du trône.

Il résulterait un autre avantage essentiel de l'organisation du sénat, ainsi que je la conçois ; celui d'une très-grande économie dans les dépenses nécessaires à cette institution.

(o) 36. La distinction des pouvoirs les ramène chacun à sa simplicité naturelle. L'action du pouvoir exécutif sera d'autant plus efficace que son organisation sera plus simple. Cependant la suprématie royale n'exclut pas la colaboration d'un Chancelier spé-

cialement chargé de la haute direction administrative et judiciaire,
et d'un Connétable chargé de celle de la force publique. La constitution doit prescrire les attributs de ces deux grands fonctionnaires, dont la nomination doit appartenir au sénat, sur la présentation décuple faite par le pouvoir exécutif et par la chambre des
députés des départemens.

Le Chancelier et le Connétable devenant, par leur dignité, les
conseils privés du roi, on doit concerter les mesures les plus
sages pour ne déléguer ces deux places importantes qu'à des
hommes du plus haut mérite et possédant au plus haut degré la
confiance de la nation et celle du roi.

(p) 38. La création des juges de paix, du jury et des administrations départementales furent les plus belles institutions que
l'assemblée constituante eût pu donner à la France. Rien n'est
plus désiré que la pure et entière réintégration des deux dernières.
Si le jury est le gage le plus sacré de l'inviolabilité de la propriété personnelle, les administrations départementales sont la
meilleure sauve-garde des droits de la propriété foncière et mobi-
liaire. Le meilleur moyen de faire accueillir agréablement la
constitution est, sans contredit, de prescrire le rétablissement
des administrations départementales à la nomination des administrés ; ce qui n'exclut pas les vues d'économie que l'on se propose, tant s'en faut. Ce ne serait pas répondre à la confiance mu-
tuelle invoquée par S. M., que de lui laisser ignorer cette vérité.

(q) 39. On a beaucoup trop multiplié les discussions sur la
meilleure forme de gouvernement, parce que l'ambition, l'or-
gueil et l'ignorance s'en sont beaucoup trop mêlés. L'homme sage
sait s'accommoder du gouvernement où il se trouve ; pour lui tous
les gouvernemens sont bons, pourvu que les gouvernans soient équitables. Il n'y a aucune sorte de gouvernement qui n'ait produit
les meilleurs et les plus dangereux résultats. La cause de ce
qu'on a le plus admiré ou détesté dans chacun ne se rapporte pas
essentiellement au système, mais bien aux personnes dont l'autorité était en exercice. Enfin, en d'autres tems, *ce ne sont pas les
vices des constitutions et des lois, mais bien les défauts et les vices
de ceux qui les font exécuter qui font le malheur des peuples.*
Avec les meilleures lois et des magistrats corrompus, les intérêts

des peuples seront toujours sacrifiés; tandis qu'avec des lois imparfaites, les peuples seront heureux sous des administrateurs équitables et éclairés. LE NOEUD GORDIEN CONSISTE DONC A FAIRE EN SORTE QUE LE MÉRITE SEUL PARVIENNE AUX PLACES.

La mémorable assemblée constituante avait senti la dificulté, mais l'avait-elle résolue en nous donnant l'imitation du système électoral des Anglais ? La cruelle expérience du passé nous prouve combien elle manqua le but. Ce système n'est pas même bon pour l'Angleterre, malgré la force de l'esprit public, puisqu'il n'y sert que l'intrigue et la vénalité. Il devait immanquablement, avec la légéreté française, concourir à la ruine publique. Cependant ce n'est pas sans distinction et sans choix qu'il faut appeler les citoyens aux diverses fonctions. Avons-nous bien fait d'abandonner ce choix à la volonté d'un Empereur ? Le reméde est devenu pire que le mal. Comment nous reléverons-nous de cette cruelle épreuve ? Ainsi nous jettons-nous en France d'un extrême dans un autre ? Ne valait-il pas mieux arranger tout autrement le système électoral, en telle sorte que la brigue des suffrages n'eût pu profiter aux intrigans ? Les élections peuvent se faire beaucoup mieux sans assemblées; il fallait les supprimer, puisqu'elles nuisent à la liberté des suffrages. Les premières élections ne doivent servir qu'à former les listes des notables des communes, qui, par des réductions graduelles que détermineront leurs votes, parviendront à faire les listes des citoyens reconnus parmi eux les plus dignes d'occuper telle ou telle autre fonction. Chacun pouvant faire chez soi son bulletin, et l'envoyer, même par la poste, personne ne se dispensera de voter, et les sollicitations ne pourront avoir que l'effet le plus limité : à quoi profiteront-elles lorsque le sort devra décider entre plusieurs compétiteurs ? Lorsque ces compétiteurs auront un mérite égal, ou à-peu-près, au moins du côté de la probité, le sort ne sera jamais véritablement nuisible à l'intérêt public, le résultat sera toujours moyennement le meilleur et le plus digne de la confiance nationale, si le système des élections est bien coordonné.

Plus les hommes sont imparfaits, corrupteurs et corruptibles, plus les efforts du législateur doivent être grands et sévères, pour opposer à l'intrigue des barrières insurmontables. Ce ne sont pas les hommes simples, sages, modestes et instruits qui détrônent les

Rois et renversent les gouvernemens : ce sont eux qu'il est de l'intérêt du Monarque d'aller chercher jusque dans leur retraite éloignée. Tel sera l'effet d'un bon système électoral. Le despote, dans son délire, donna tout à la faveur et rien au vrai mérite ; aussi tout fut sacrifié, jusqu'à lui-même. Les élections, à l'abri de l'intrigue, produiront le résultat contraire ; elles en produiront un autre, incontestablement le plus précieux en morale politique, celui d'obliger, jusques aux ambitieux même, d'acquérir du mérite et des vertus pour s'attirer la considération de leurs concitoyens. Le grand secret du législateur est de mettre les hommes dans la nécessité d'avoir des mœurs et de faire le bien public par intérêt personnel : le moyen réside radicalement dans un bon système électoral.

(*r*) 4o. Il est bon sans doute de n'accorder l'entrée aux places publiques qu'aux citoyens intéressés à l'ordre social par le besoin de conserver des biens-fonds ; mais cette idée ne doit pas être le fondement de la règle d'éligibilité. Pour l'apprécier justement, il ne faut la prendre que comme une considération très-secondaire : le mérite est la condition essentielle. Qui oserait soutenir que les richesses soient la mesure du mérite ? n'est-il pas constant qu'elles le repoussent plus qu'elles ne le produisent ? Tel a toujours été l'effet du système barbare de l'inégalité des successions : les aînés, comptant sur un riche héritage, ont cru toujours, en France comme en Angleterre, pouvoir se dispenser de talens et de mœurs ; tandis que les cadets, au contraire, ne fondant leur ressource que sur eux-mêmes, ont partout multiplié la classe des hommes de mérite. Ainsi quelle erreur grave en politique de n'appeler que les riches à l'exercice des fonctions ! Ce serait tomber dans un autre extrême que de les en exclure lorsqu'ils ont des talens et des vertus ; mais ce n'est qu'à ce titre qu'ils doivent y prétendre. Combien l'oubli de cette règle nous est devenu fatal !

Si la richesse n'engendre pas les talens, elle n'est pas la garantie de l'intégrité suivant laquelle un fonctionnaire public doit tout sacrifier à ses devoirs. La richesse ne donne, le plus souvent, que la soif de l'ambition, le désir et les moyens de commettre des crimes pour assouvir cette passion, si dangereuse pour la tranquillité des peuples et des Rois. Est-il donc sans exemple, dans notre histoire, que les plus riches n'aient été les plus disposés à trahir les intérêts de l'état et du trône ? combien de fois ils ont commis les plus grandes bassesses pour s'enrichir ou s'élever davantage ! Personne n'ignore que les cabinets ennemis de la France, ayant eu le tarif de la conscience de nos Ministres, ont plus d'une fois acheté notre avilissement, la destruction de nos manufactures et la ruine de notre commerce.

Quels ont été, le plus généralement, dans tous les états, les instigateurs des révolutions des factions et des guerres civiles ? On ne peut avoir perdu le souvenir que l'injustice, suivant laquelle les plus riches propriétaires de l'État s'opposèrent à l'édit du timbre et de l'impôt territorial, fut la cause et l'origine de notre malheureuse révolution. Que faisait le peuple lorsque le parlement se soulevait contre un acte de justice et d'équité de Louis XVI ? Plein d'amour pour son Roi, il arrêtait les voitures, faisait descendre ceux qui passaient sur le Pont-Neuf, et leur faisaient saluer la statue de Henri IV, comme pour rendre hommage à la sagesse du Souverain, devant l'image du modèle des Rois.

Il faut donc conclure que la considération de la richesse est plus funeste qu'importante dans le choix des hommes que l'intérêt public appelle aux emplois, et que la vertu, accompagnée de talens, est la vraie condition d'éligibilité.

Mais, dit-on, l'éclat et la majesté du trône.... Oui, cet éclat et cette majesté doivent faire l'objet des vœux les plus ardens de la nation; mais en quoi peuvent-ils consister ? qui serait assez insensé de dire que ce peut être dans l'amas vain et méprisable de quelques étoffes, des métaux et des pierreries, ou dans le nombre d'esclaves qu'on peut en couvrir ? Non, jamais dans aucun siècle les esclaves titrés et chamarrés n'eurent assez de force pour soutenir le piédestal du trône et l'empêcher de s'écrouler. Les Sully et les Colbert firent seuls l'éclat et la majesté de Henri IV et de Louis XIV : l'amour et la majesté de la nation forment l'auréole de la royauté; ce sont les grands Ministres qui rendent la nation florissante, majestueuse et remplie d'amour pour le Monarque sage qui fuit la basse flatterie, et qui ne donne sa confiance qu'aux grands talens et aux grandes vertus, et non aux riches seulement et aux perfides adulateurs.

(s) 41. Le système le plus destructeur est d'enlever à ceux qui n'ont pas pour donner à ceux qui ont déjà trop ; c'est l'effet de la cumulation des emplois et des émolumens qui en dépendent en faveur surtout de ceux qui sont plus que dans l'aisance. On sait que la cumulation des places, sur la tête d'un étranger, a récemment causé l'enlèvement de la caisse des droits-réunis, contenant deux millions et demi.

(*t*) 42. Doit-il être permis à un prélat, que la voix de Dieu appelle à la garde de son troupeau, de l'abandonner pour venir solliciter une place de ministre ou de sous-ministre? Un général peut-il délaisser son armée pour se faire nommer législateur? Le commandement des armes et celui des consciences ne peuvent pas se concilier avec la liberté des élections. Combien n'avons-nous pas à nous repentir d'avoir oublié cette maxime dans l'an 7!

(*u*) 43. Deux moyens forment la véritable garantie de la dette publique : l'économie dans les dépenses et l'accroissement des recettes.

L'économie est relative aux personnes qui sont à la solde de l'État ou aux choses qu'il doit dépenser, faire ou confectionner.

Quant à la première partie, le nombre des salariés est devenu infiniment trop considérable; il faut le réduire au seul et unique nécessaire, avec les ménagemens dus aux besoins de l'existence de tant de bons citoyens qui n'ont de ressource que leur emploi. L'administration de l'armée, sous Louvois, n'occupait pas deux cents commis. Jamais administration ne fut mieux ordonnée ni plus favorable aux troupes. Aujourd'hui les bureaux et l'armée des commis de la guerre remplissent, pour ainsi dire, le plus grand des faubourgs de la capitale. Il n'y a pas de surcharge plus nuisible en administration ni plus ruineuse que celle de la multiplication inutile des gens qu'il faut payer pour ne rien faire. L'immodération du prix des salaires, c'est-à-dire l'énormité de disproportion entre le gâge et l'emploi du tems et du talent, était un abus extravagant, dont la tyrannie croyait faussement pouvoir se faire un appui. L'intérêt public et surtout les circonstances exigent que les appointemens de tous les fonctionnaires soient ramenés à une équitable proportion, et qu'ils ne puissent s'élever au delà d'un *maximum* raisonnable.

Le gouvernement est toujours volé dans l'emploi des fonds pour le prix des choses qu'il doit dépenser, faire ou confectionner. Il est tems de mettre un frein aux vols infinis de cette nature ; ils s'élèvent à plusieurs millions par an. L'expédient en est facile, et même il pourra concourir au perfectionnement des travaux et des arts exercés dans toutes les entreprises au compte du gouvernement.

L'accroissement des rentrées ne doit pas être fondé sur celui des impôts, tant s'en faut, mais bien sur l'accroissement de l'activité de la circulation et sur celui des jouissances que chacun peut se proposer. Je démontrerai, dans un autre travail, comment on atteindra ce double but par une opération de finances fort simple, qui sera fondée sur l'union du crédit public avec celui des particuliers, et qui servira, chaque année, à éteindre plusieurs millions de dettes, en apportant au plus vite de très-grands secours aux contrées dévastées par le passage et la présence des armées.

(ν) 47. *Le droit du plus fort*, dit sagement Mirabeau (1), *est un code bien triste et bien dangereux. L'instruction, cette arme plus douce, plus puissante, même avec le tems, suffit à l'organisation des sociétés et les préserve des convulsions de la violence.* Il est donc du plus grand intérêt du gouvernement de rendre l'instruction facile pour tous, et par conséquent gratuite. Puisqu'il est plus difficile et plus urgent d'avoir des hommes instruits que des soldats ; puisque chaque citoyen doit toujours être prêt à prendre les armes pour la défense de son pays ; puisqu'il est horrible que ceux qui portent les armes pour assurer l'inviolabilité des propriétés en deviennent les plus effrénés violateurs, pourquoi ne pas lier l'instruction publique et gratuite, civile et morale, avec l'instruction militaire ? Alors la France, éclairée toute entière du flambeau de la raison, deviendrait à jamais invincible, moins par l'habileté universelle au maniement des armes, que parce qu'un Français ne peut être vaincu sous l'égide de la raison et de la justice.

On peut donc faire que chaque Français soit soldat, et soldat aussi courageux qu'instruit, sans rétablir le mode de la conscription, tant s'en faut ; sans priver les campagnes du secours des bras ; sans enlever aux apprentis le fruit de leur apprentissage ;

---

(1) *Essai sur le Despotisme.*

sans détourner les jeunes citoyens du cours de leurs études, et tout cela sans une grande dépense, par le seul effet d'une bonne organisation de la garde nationale.

Il convient de la distribuer en trois classes : celle des jeunes gens de 17 à 21 ans formeraient la classe *élémentaire* ; tous les citoyens jusqu'à 30 ans composeraient la classe *mobile* ; de 30 à 60 ils seraient dans la classe *sédentaire*. Nulle distinction d'ordre, de rang ou d'état n'exempterait d'entrer dans la classe élémentaire, qui ferait le service actif dans l'intérieur des cités, autant que les règles de l'enseignement permettrait d'occuper de ce service les jeunes élèves de la patrie. Les places d'officiers de cette classe seraient données au concours, et celles des sous-officiers seraient à la nomination des compagnies.

La classe mobile composerait les armées en cas de guerre, et, durant la paix, elle suppléerait la première classe pour compléter le service intérieur. En réduisant ce genre de service à ce qu'il devrait être, suivant l'indispensable nécessité, les citoyens ne seraient pas fatigués et dégoûtés par des gardes trop fréquentes, et par-là nuisibles aux affaires privées; d'ailleurs pourquoi ne pas faire entrer dans cette classe tout domicilié non en état de domesticité, en obligeant les communes de pourvoir d'armes et d'habits ceux qui ne pourraient faire la dépense de leur habillement? L'exclusion ne doit porter que sur les vagabonds et sur les êtres crapuleux et avilis, contre qui elle devrait être prononcée comme une peine correctionnelle. Pourquoi ne pas permettre encore qu'un homme puisse en remplacer un autre de la même compagnie, à condition de ne pas faire le métier de remplaçant? Ces principes n'ont rien de contraire à la dignité de la garde nationale ; la raison et la nécessité les invoquent : il devient beaucoup trop pénible pour chacun, et peut-être dangereux pour la société de s'en écarter.

La garde nationale sédentaire devrait être entièrement exempte de service, hors l'état de guerre ou de circonstances extraordinaires; mais elle devrait être soumise à un embrigadement permanent et à des revues ou des exercices une fois par mois; alors cette obligation légère serait tout à fait agréable, et même accompagnée des plaisirs que la société recherche. Dans l'intérieur, et hors l'état de guerre, les places d'officiers et sous-officiers ne doivent être qu'à la nomination des citoyens, et pour le délai d'un an, suivant les règles primitives de l'institution da la garde nationale.

Maintenant, qu'il me soit permis de rappeler que j'ai indiqué trois moyens qui peuvent désormais rendre la France invincible, et profiter également à la paix des autres nations :

Le premier est l'exclusion irrémissible de toute guerre offensive, ce qui ne doit permettre que les alliances défensives ;

Le second est le perfectionnement du système défensif, afin de l'élever au dessus de tous les moyens d'attaque ;

Le troisième est de mettre toute la force physique et morale de la nation en état de concourir, de la manière la plus énergique, au maintien de l'inviolabilité du territoire : ce qui résultera des institutions morales et gymnastiques, et de l'organisation raisonnable de la garde nationale.

Mais que personne n'oublie que ce qui peut remédier à tout, soit dans l'ordre militaire, soit dans l'ordre civil, EST L'ENTIÈRE ET L'ABSOLUE INDÉPENDANCE DE LA COMMUNICATION DE LA PENSÉE, sauf la punition des délits déterminés par la loi.

Que chacun songe combien il est utile de dire la vérité aux grands, et combien il est noble de défendre les hommes : « Le » courage qui fait braver le danger des armes est le plus commun » de tous, et cependant le plus estimé. Le courage de principes, » de conduite et de mœurs est bien autrement rare et précieux. » Nous n'osons pas penser autrement que les autres quand il y » a du danger à lutter contre l'opinion générale ; nous *ne savons* » *pas même* penser autrement que tous les autres quand les insti- » tutions sociales nous ont imbus de préjugés, que les ambitieux » et les maîtres nourrissent avec soin. L'esprit imitateur, adroite- » ment fomenté par eux, devient l'esprit universel ; or, l'esprit » imitateur est en tout l'ivraie du génie, il étouffe également les » lumières et les principes ; les ames s'énervent, les têtes s'affai- » blissent, les devoirs se dénaturent : tout suit l'impulsion du » despote et le torrent de la servitude. *L'obéissance passive* » devient à la mode, comme l'amour de la liberté était la vertu

» la plus commune dans les tems plus heureux et sous des gouver-
» nemens moins arbitraires ». MIRABEAU, *Essai sur le Despotisme.*

Paris, le 3 mai 181.

P. ASCENSION GARROS.

De l'Imprimerie de BALLARD, rue J. J. Rousseau, n°. 8.